Jacques Demogeot

De la satire
en France
au moyen-âge

essai

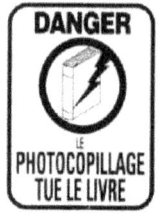
ISBN : 978-1517285203

10 9 8 7 6 5 4 3 2 1

Jacques Demogeot

De la satire en France au moyen-âge

essai

Table de Matières

Le père de la poésie moderne, Dante Alighieri, a jeté sur la critique un de ces regards qui portent la lumière. Il a divisé hardiment tout le champ de la poésie en deux parts : la tragédie et la comédie. La question de forme n'est pour rien dans ce partage : chant, récit ou dialogue, peu lui importe. La tragédie n'est pas pour lui le drame ; la comédie peut n'avoir rien de commun avec le théâtre. Ce ne sont plus des genres littéraires, mais des points de vue philosophiques.

C'est qu'en effet dans toute littérature il y a deux sentimens créateurs : l'enthousiasme et la moquerie. A dire vrai, ce sont deux forces qui mènent toute société ; l'une l'entraîne vers l'idéal, c'est-à-dire vers l'avenir ; l'autre la pousse hors du présent et la contraint à marcher. Celle-ci, comme dit Schelling, est la véritable Némésis, l'invisible puissance ennemie du présent, en tant qu'il s'oppose à la naissance de l'avenir.

Cette double inspiration, manifeste dans la littérature ancienne, ne pouvait manquer au moyen-âge, époque si vivante et si originalement complète. Seulement les genres littéraires qu'elle a produits n'ont rien de commun avec les genres antiques. On sent que ces formes nouvelles ne sont pas dues à l'imitation et, pour ainsi dire, à la pression extérieure d'un moule : c'est une fermentation interne qui les a fait jaillir, c'est une force de soulèvement qui les a projetées au dehors. L'ignorance a rompu la chaîne des habitudes littéraires, comme l'invasion a brisé les constitutions politiques. L'Europe s'est rajeunie par la barbarie ; la nature parle haut dans le demi-silence des traditions.

C'est surtout dans les sujets légers et satiriques que brilla cette originalité. Nos trouvères y furent vraiment poètes, parce qu'ils songèrent peu à l'être. Ils écrivirent sans prétentions ; ils furent naturels et charmans. C'est qu'ici les impressions naissaient des objets mêmes ; il y avait peu de distance entre la chose et le mot, l'une donnait l'autre. Les sujets sérieux leur imposaient davantage : il semblait que pour les traiter il fallût être un savant de profession. Ils furent donc réservés trop souvent à la société cléricale, latine, érudite, autant qu'on l'était alors. Celle-ci y jeta tout ce qu'elle avait de science et de génie, et ce tout fut trop peu. Au contraire, les sujets badins que dédaignait la langue latine étaient abandonnés à cette bonne vieille sève d'esprit gaulois. Ce fut pour eux un bonheur : ils poussèrent à l'aventure, et, pour ainsi dire, en plein vent, avec une fécondité singulière et un goût de terroir exquis.

En effet, la satire du moyen-âge ne ressembla nullement à celle de l'antiquité. Celle-ci s'était faite à l'image de Rome, qui, au milieu de ses plagiats universels, avait pourtant créé ce genre. Dans la ville du Forum, la satire fut une variété de la harangue, un plaidoyer moqueur. Ennius, Noevius. Pacuvius, pauvres Grecs qui ne pouvaient monter à la tribune, montaient à la satire. Le chevalier Lucilius écrivait ses trente livres, comme le sénateur Caton ses cent cinquante discours. Le poète et l'homme d'état avaient le même but et presque les mêmes moyens ; c'étaient deux censeurs.

La satire latine s'adoucit avec Horace ; elle ne parle plus sur la place publique, mais dans le cabinet du prince ; crier serait de mauvais ton. Le satirique devient un homme de goût, qui ménage ses forces et les diminue à dessein. Chez lui, point d'apprêt, point d'art apparent ; son ouvrage a les libres allures, les gracieux écarts d'une spirituelle causerie. Tout lui est bon pour entrer en matière : tantôt c'est un voyage, une partie de campagne qu'il vous raconte, tantôt c'est une nouvelle de la grande cité, médisante comme une petite ville. Vous vous livrez sans défiance à ce causeur sans préméditation, et, pendant qu'il vous entraîne à la dérive, vous parvenez insensiblement, en suivant la pente naturelle de votre esprit, à une bonne vérité morale, à un excellent principe littéraire, par où il vous faut passer bon gré mal gré, tant le courant est rapide, tant le fil de la conversation est irrésistible. Zoé Au temps de Juvénal, la satire romaine partage encore le sort de l'éloquence ; elle n'est plus qu'un exercice de l'école, elle déclame. Juvénal a la voix vibrante, mais c'est une voix de tête. On reconnaît un homme qui a entrepris de s'indigner, un rhéteur énergique qui compose des vers avec des crimes. J'entends chez lui peu de cris qui partent vraiment du cœur, et je ne suis pas bien sûr qu'il regrette beaucoup une corruption qui lui fournit de si admirables peintures.

La satire française du XIe au XIVe siècle naquit aussi des entrailles de la société contemporaine et en reproduisit les caractères. Rien de plus complexe, on le sait, que le moyen-âge : lois, coutumes, souvenirs antiques, tentatives nouvelles, tout est mêlé, tout tient à tout. C'est le chaos fécond où s'agitent encore informes les élémens de la société moderne. Les genres littéraires aussi n'y sont pas constitués, renfermés dans de sévères limites ; ils courent et bondissent librement, sans autre but que la fantaisie, sans autre loi que le caprice. La satire se montre partout, et ne s'emprisonne nulle part. Sirventois, fabliaux, chansons de gestes, conciles, sermons, architecture, cérémonies religieuses, tout lui est bon ; elle court, elle étincelle dans tous les écrits, dans tous les événemens, vive, rapide, insaisissable, comme un point de feu qui se ranime et fuit dans un linge déjà consumé.

La satire de cette époque est donc plutôt une disposition morale qu'une œuvre littéraire. L'étudier dans son ensemble serait un travail de philosophe plutôt que de critique. Nous tâcherons d'en esquisser ici les principaux traits.

Ce qui nous frappe d'abord, c'est la présence assidue d'une idée satirique à côté d'une grave institution. La raillerie forme, au moyen-âge, la contre-partie obligée de tout rêve généreux ; la vie réelle y est comme une médaille que la poésie frappe des deux côtés, ici en creux, là en relief. D'une part, l'enthousiasme y élève l'empreinte de l'idéal ; de l'autre, la moquerie mordante y grave la satire. Et ce n'est pas une empreinte une fois tirée, un tableau immobile et mort ; cette double image poursuit la société dans tous ses changemens, en accuse toutes les modifications : elle vit, grandit, se rajeunit avec elle, ou plutôt elle contribue elle-même à la renouveler, car le mouvement des esprits, c'est-à-dire la littérature, n'est pas moins cause qu'effet dans l'histoire d'une nation. La satire, par exemple, qui est ici l'objet spécial de nos recherches, joue un rôle incessant dans la série des évolutions sociales ; c'est l'opposition constitutionnelle du moyen-âge. Passant tour à tour à l'attaque de toutes les idées régnantes, arme frêle et terrible, elle change de maître, non de but, et frappe un présent qu'elle hait au profit d'un avenir que souvent elle ignore.

Le moyen-âge a usé successivement trois pouvoirs : l'empire carlovingien, la féodalité, l'église. Ils ont été ruinés chacun par leur successeur, le dernier par le peuple. La satire n'a manqué à aucune de ces destructions. Nous devons donc distinguer trois sortes de satires : la satire féodale, la satire ecclésiastique, la satire populaire.

Jacques Demogeot

Partie I.

Charlemagne avait voulu devancer l'histoire et faire seul l'ouvrage des siècles. Jetant l'Europe au moule de son génie, il lui avait imposé une unité apparente et toute plastique. Cette forme, héritage d'une société éteinte, se trouva trop vaste, trop savante pour les besoins des peuples nouveaux que la misère avait ramenés à la barbarie. C'était une expression antique posée extérieurement sur des sentimens et des mœurs auxquels elle ne répondait plus ; c'était le *classicisme* en politique, quelque chose de grand, mais de mort. La véritable unité ne peut naître que de l'assimilation lente des intelligences. Il fallait alors reprendre la société dans ses bases, fortifier les ames par la conscience de leur valeur individuelle, armer le soldat pour la défense de sa terre, élever le beffroi du château et plus tard le rempart de la ville, en un mot refaire des hommes et non pas un empire. Aussi, dès qu'on ne sentit plus la main de fer du conquérant, n'eut-on rien de plus pressé que de briser cette machine compliquée que nul ne pouvait faire mouvoir et qui encombrait la voie. L'avenir de cette époque, c'est la féodalité ; l'ennemi qu'il faut renverser, c'est l'empire. C'est donc l'empire et ses souvenirs d'unité que la satire va d'abord attaquer.

A part les chroniques latines, les monumens littéraires les plus voisins de cette époque sont nos vieilles chansons de gestes. Nous savons qu'elles furent écrites au moins deux siècles plus tard ; mais les souvenirs qu'elles célèbrent remontent, par une tradition continue, jusqu'aux successeurs de Charlemagne. Il semble que ce grand monarque n'aurait dû laisser dans l'imagination des peuples qu'une admiration toujours croissante. On est surpris de voir sous quelles couleurs le peignent nos trouvères. Formidable par sa puissance, il est souvent odieux par sa conduite. Emporté, capricieux, crédule à l'excès, avare, timide, irrésolu, il a grand besoin des sages avis des vieux barons qui l'entourent et des bons coups de lance de ses preux paladins. Sans cesse aux prises avec ses vassaux révoltés, il faiblit souvent sous leurs héroïques efforts, et ne parvient à les vaincre que par la trahison. On sent qu'ici le nom de Charlemagne couvre les souvenirs qu'avaient laissés ses tristes successeurs. Le trouvère écrit sous l'influence des seigneurs féodaux qui avaient morcelé la monarchie carlovingienne : il n'a d'enthousiasme que pour l'indépendance individuelle, de haine que pour l'autorité centrale. Cette tendance se manifeste dans les romans qui célèbrent les exploits de Gérard de Vienne contre Charles-le-Chauve, de Gaydon, duc d'Angers, d'Aiol, fils d'Elie, comte de Toulouse, de Renaud de Montauban, et surtout dans la grande épopée des *Loherains*. Au reste, ce n'est pas personnellement Charlemagne qu'attaquent les trouvères féodaux, c'est le roi, c'est le pouvoir monarchique. Charles Martel pâlit auprès du duc Hervis, Pépin abandonne avec ingratitude le baron qui l'a couronné ; il consent lâchement à perdre la suzeraineté de ses fiefs plutôt que de défendre les vassaux qui lui en font hommage. S'agit-il de combattre les Sarrasins, le roi Pépin tombe malade à Lyon ; tout se fait sans lui et malgré lui, car il voudrait, nouvel Agamemnon, congédier l'armée. C'est le duc Garin, c'est Fromon, c'est Bernard de Naisil qui s'opposent à ce lâche conseil.

Chose remarquable ! tandis que la poésie vulgaire, secondant l'orgueilleuse indépendance des grands vassaux, applaudit à l'affaiblissement de la monarchie, la poésie latine, écho fidèle de l'organisation qui périt, exprime à la fois et ses propres regrets et la joie universelle que cause cette décadence. « Un bel empire florissait sous un brillant diadème, » s'écrie le diacre Florus ; « déchue maintenant, cette grande puissance a perdu son éclat et le nom d'empire ; au lieu d'un roi, on voit un roitelet, et, au lieu de royaume, un morceau de royaume. On se réjouit, ajoute-t-il, du déchirement de l'empire, et l'on appelle paix un ordre de choses qui n'offre aucun bien de la paix. »

La satire féodale fait front de deux côtés à la fois. Tandis qu'elle achève de briser le pouvoir central, elle repousse l'invasion plébéienne, qu'elle semble pressentir de loin. Au reste, l'élément populaire n'apparaît pas encore avec la puissance du nombre et de la justice ; ce n'est pas encore le peuple, c'est le roturier anobli, c'est le vilain se glissant furtivement dans les rangs des chevaliers, et qui malgré son manteau de vair et de gris, n'en reste pas moins taillable et corvéable de la satire. Ouvrons le poème des *Loherains*.

« Le duc Begues de Belin[1] regarde derrière lui et voit venir Rigaut,

---

1 Nous serons plus d'une fois forcé d'altérer dans nos citations la langue de nos poètes, afin d'en faciliter la lecture. On nous pardonnera ces altérations ; ce n'est

un damoisel fils au vilain Hervis. Il avait les bras gros et les membres fournis, entre les deux yeux une pleine paume tout entière, de larges épaules, une grosse poitrine, des cheveux hérissés, un visage charbonné qu'il n'avait pas lavé depuis six mois, et sur lequel eau ne coula, à moins qu'elle ne tombât du ciel. Begues le voit et lui dit : Vous serez chevalier, si je vis, avant demain, par le corps de saint Denis. »

De quelle bruyante gaieté devaient retentir les vieux manoirs des vrais et antiques barons, quand le trouvère traçait ce grotesque portrait du vilain anobli ! C'est la première satire contre les parvenus. Je ne puis m'empêcher de remarquer cette taille athlétique, ces grossières, mais colossales proportions que la poésie chevaleresque prête à l'enfant du peuple ; elle a beau en rire, on dirait presque qu'elle en a déjà peur. Du reste, cette moquerie n'a rien d'acerbe ni de méchant. Jehan de Flagy n'attaque qu'à armes courtoises ; c'est de sa part un jeu, non un combat. Bien plus, sous cette rude enveloppe dont il a revêtu le vilain, il met un bon sens narquois qui raille à son tour les coutumes des chevaliers. Écoutons l'armement de Rigaut :

« Sire, vous m'avez dit que je serais chevalier sans répit. — Vous le serez, répond le Loherain. Allez seulement vous baigner un petit, et vous aurez et le vair et le gris. — A la maleure ! dit Rigaut. Ouoi ! pour votre vair et votre gris il faut que j'aille me baigner et rafraîchir ? Je ne suis tombé ni dans la fange ni dans la poussière. Je n'ai que faire de vos manteaux de fourrure ; mon père Hervis a bien assez de bure. »

Cependant le duc insiste, Rigaut se laisse faire ; puis on lui met sur les épaules un riche manteau et une pelisse d'hermine qui traîne d'un pied et demi derrière ses talons.

« Rigaut le voit ; pas trop ne lui sourit. Il aperçoit un damoiseau choisi qui porte un couteau pour servir les chevaliers. Il lui demande ce couteau et coupe un pied et demi de son manteau traînant. — Pourquoi l'as fait, beau fils ? lui dit Hervis. C'est la coutume ainsi qu'un nouveau chevalier laisse traîner derrière lui et le vair et le gris. — Rigaut répond : Cette coutume est folle. Maintenant je puis

---

pas au point de vue de la philologie, mais au point de vue de l'histoire, que nous nous plaçons ici.

mieux courir, me lever et sauter. — Le roi s'écria : Par mon chef, il dit vrai ! »

C'est bien pis quand le duc lui donne la *colée*, qui n'était pas encore une sentimentale accolade, mais un bon soufflet sur la nuque. « Peu s'en faut qu'il n'enrage vif : il met la main à sa bonne épée d'acier, et la tire un grand pied et demi. » Rigaut aurait grand besoin qu'on lui lût l'*Ordène de chevalerie*. Son mécontentement comique contre des cérémonies déjà peu comprises est la protestation satirique du bon sens populaire à la fois moqué et moqueur.

La satire féodale se montre donc d'abord enveloppée dans la chanson épique. Dans toutes les littératures, l'épopée semble avoir précédé et embrassé les autres genres. Cependant cette satire affectionna encore une autre forme, celle des *sirventes* ou *sirventois*. Plus tard on élargit l'extension de ce mot ; mais dans l'origine il désigna toujours une chanson guerrière, souvent une franche provocation, une invective à bout portant dirigée par et contre un homme d'armes (*serviens*). Ainsi Richard-Coeur-de-Lion et le dauphin d'Auvergne échangèrent des *sirventes*. Le premier de ces princes, du fond de sa prison, adresse un *sirventois* à ses barons déloyaux qui laissent languir dans un cachot celui qui eût tout sacrifié pour délivrer un seul d'entre eux. Nous avons encore les sirventes de Bertram de Born, de Bernard Arnaud et de plusieurs autres troubadours. Ils sont plus rares au nord de la Loire. Les trouvères n'étaient pas chevaliers.

Si l'on excepte ces *sirventes* guerriers, la première période de l'histoire des troubadours du XIe au XIIIe siècle n'est guère remplie que de doux chants d'amour. C'est le temps des cours plénières et des somptueuses fêtes ; les poètes sont alors des châtelains, des princes, ou leurs heureux commensaux : c'est Guillaume, comte de Poitou et duc d'Aquitaine ; c'est Ebles, vicomte de Ventadour ; c'est Ogier, seigneur de Vienne. Mais après l'extermination des Albigeois, après les désastres des croisades et des vêpres siciliennes, le beau ciel du Languedoc semble tout à coup obscurci. Les seigneurs sont ruinés, les riches maisons éteintes, les cours d'amour restent muettes, les portes des châteaux fermées ; les troubadours ne voyagent plus. Leur imagination a défleuri, et s'est chargée de fruits amers. Une longue et lamentable histoire, la*Chronique des Albigeois*, nous fait

Jacques Demogeot

entendre l'écho de la lutte sanglante du midi et du nord, le cri de mort de la civilisation et de la poésie provençales. Adieu les riantes pastourelles et les douces rotruenges

Je vois finir à toujours

Et joie et douces amours,

dit le troubadour Cercamons. Son disciple Marcabrus, enfant abandonné, élevé par la pitié d'un riche Toulousain, ne chante que pour maudire les femmes et l'amour :

Marcabrus, pauvre fils de Brune,

Sut, hélas ! comme amour s'en va ;

II n'aima jamais femme aucune,

Aucune femme ne l'aima.

Amour de nos jours est traîtresse ;

Elle mord dans son doux ébat ;

Si parfois sa langue caresse,

C'est rudement, comme le chat.

Chez Marcabrus comme chez plusieurs de ses contemporains, l'amour est remplacé par la satire. Il gémit sur l'anéantissement des Béranger de Provence, des Raymond de Languedoc ; il déplore surtout l'accroissement de la puissance des Français et de la monarchie capétienne. « Le monde est à présent encombré par un grand arbre dont la racine est perversité : rois, comtes, amiraux et princes sont suspendus à ses rameaux. »

On juge bien que la poésie mourante du midi n'épargne pas l'église, par qui elle meurt. Tout le monde connaît le fameux sirvente de Guillaume de Figueras ; on sait quel magnifique effet produisent ces vingt strophes, commençant toutes, comme les imprécations de la Camille de Corneille, par le nom odieux de *Rome*. Quelquefois l'invective passionnée des troubadours redescend au ton malin de la satire, comme dans ces vers de Bertrand Carbonel :

Je vois maint clerc escamoter

Mieux qu'escamoteur ordinaire ;

Il faut de l'argent pour doter

La fillette de leur commère…

Ah ! faux clergé, traître, menteur.

Tu mets le monde en décevante.

Jamais saint Pierre, votre auteur,

Ne tint banque ou comptoir en France.

Mais vous, vils marchands d'indulgence,

Qui n'a d'argent pour faire dons

Doit se passer de vos pardons.

L'histoire de Pierre Cardinal résume fidèlement celle de la poésie provençale. Dans la première partie de sa vie, il ne connut que joyeux déduit ; dans la seconde, il se livra à la satire la plus acerbe. Il s'indigne de voir le preux empereur Frédéric II dépossédé de la Lombardie, le vaillant comte Raymond VII privé du Vivarais ; il n'épargne ni les dominicains, ni les cordeliers, « ni ces ivrognes de Français qui n'effraient pas plus le noble Raymond que la perdrix n'épouvante l'épervier. » Pierre Cardinal parle avec douleur et colère de l'affranchissement des communes, où il ne voit que la ruine des châteaux. La muse des troubadours est chevaleresque et féodale jusqu'à sa dernière heure. Elle a besoin pour vivre de l'air parfumé des cours. Son emportement n'est que de l'amour aigri ; sa satire est un regret.

Partie II.

La féodalité était une institution grande et noble dans son principe. Elle eut cet heureux effet, de rendre à l'Europe, avilie par le despotisme, le sentiment moral, la conscience du droit et du devoir. Quand l'oppressive, mais puissante organisation de l'empire romain fut brisée par l'invasion, quand Charlemagne eut emporté dans la tombe l'unité impossible qu'il avait rêvée entre le monde ancien et les royautés modernes, il y eut un grand vide. Chose étrange et admirable ! l'Europe fut alors gouvernée par une idée. Un sentiment tint la place d'une constitution. Les

Jacques Demogeot

tribus germaniques avaient apporté de leurs forêts la conscience de la liberté individuelle, le dévouement volontaire de l'homme à l'homme, l'inviolable fidélité au serment, en un mot le culte et souvent la superstition de l'honneur. Aussitôt s'établit comme par enchantement un ordre politique dont l'honneur est le lien, où tout est à la fois dépendant et libre, enchaîné par une parole. La société nouvelle commence par la régénération de l'individu ; la vie locale de toutes les parties du territoire se ranime avec énergie et promet à l'avenir une vie centrale non moins puissante. Pour compléter cette organisation, sur elle plane un idéal nouveau qu'elle doit s'efforcer d'atteindre, le noble rêve de la chevalerie, c'est-à-dire la valeur jointe à la loyauté, la protection du faible par le fort, enfin le culte des femmes exerçant le double empire de la faiblesse et de la beauté.

Toutefois ce système si brillant, si généreux en apparence, devait périr. Il portait dans son sein le germe de sa mort : la liberté de quelques-uns était l'oppression du plus grand nombre. Comme la société antique, la féodalité avait aussi ses esclaves, elle répétait aussi ce cruel adage : *Humanum paucis vivit genus.* La Providence frappera donc cette société injuste, et par conséquent éphémère. Décimée par de sanglantes défaites, désarmée par la monarchie capétienne, minée sourdement par les clercs et les légistes, elle tombera tout-à-fait sous le choc de l'opinion, — représentée en littérature par la satire.

Nous allons voir un poète du XIIIe siècle railler les passes d'armes et les batailles, rire aux dépens de toute la chevalerie et de ses hautes prétentions. Thomas de Bailleul, trouvère normand, nous représente deux armées sur le point d'en venir aux mains. Tout fait présager un combat acharné : d'un côté sont les Perses, les Grecs, les Siciliens, les Lombards, les Toulousains, les Gascons, les Limousins et les Poitevins ; de l'autre, les Africains, les Esclavons, les Allemands, les Bourguignons, les Picards, les Normands, les Français et les Angevins. Des comtes palatins commandent les deux armées, qui ne sont composées que de guerriers du plus haut rang. Le poète convoque tout l'arrière-ban des preux du moyen-âge ; nul n'échappera à la malice de son dénouement.

« Pendant que les deux armées s'avancent l'une contre l'autre, l'alarme se répand dans la ville voisine : les dames étaient montées en haut de leurs palais marbrins ; assises aux fenêtres, le chef incliné de douleur, elles regardaient les deux armées, où se faisait grand bruit de tambours, de trompes et de maint cor d'ivoire. Chacune y avait son frère et son cousin ou son loyal ami qu'elle aimait d'un cœur tendre. Aussi étaient-elles dolentes à bon droit. — Hélas ! disait la reine, maint enfant sera orphelin après cette journée : jamais ce ne fut tel dons mage depuis le roi Pépin. »

Le poète décrit ensuite l'appareil des deux troupes, les armures des combattans et le courage qui les enflamme ; mais, tandis qu'on s'attend à voir commencer une sanglante bataille, il renverse par un trait plaisant tout cet échafaudage chevaleresque :

Et moi, qui seul étais dessous un aubépin,

Je vis au milieu d'eux venir un pèlerin

Qui tous les apaisa de pleins hanaps de vin.

Il est impossible de méconnaître ici la parodie des prouesses chevaleresques et des chansons de gestes qui les célébraient : c'est le même ton, la même noblesse, avec le grand vers alexandrin et la longue strophe monorime.

L'histoire fait quelquefois d'excellente satire : le trait mordant qu'un trouvère imaginait au XIIIe siècle contre la chevalerie, le moins chevaleresque de nos rois le réalisait au XVe. Quand Édouard IV vint sur le continent redemander, selon l'usage, son royaume de France, Louis XI lui envoya « trois cents charriots du meilleur vin qu'il fut possible de finer, et semblait ce charroi quasi un ost aussi grand que celui du roi d'Angleterre. On se mit à table aux portes d'Amiens, les Anglais d'une part, de l'autre, cinq ou six hommes de bonne maison fort gros et fort gras. » A la fin du repas, la paix était conclue ; mais le combat avait été long et acharné ; car, dit Commines, « dura ceci trois ou quatre jours. »

Ce n'est pas seulement par des traits isolés et par des pièces fugitives qu'el'esprit satirique s'attaque à l'esprit chevaleresque. Le voilà qui réunit toutes ses forces pour produire une œuvre collective, immense par ses proportions et surtout par sa vogue, embrassant dans ses récits sans fin la vie humaine tout entière, en un mot une véritable épopée. Ainsi, rien ne manquera au parallélisme des deux inspirations diverses que nous avons signalées en commençant. L'enthousiasme avait enfanté l'épopée chevaleresque ; la moquerie produira l'épopée burlesque du *Renart*. Pendant deux siècles au moins retentira, d'un bout de l'Europe à l'autre, cette comédie sans théâtre, sans héros, sans auteur, ouvrage d'un peuple et parodie d'un monde. Du reste, il ne faut pas croire que ce conte soit une âpre et haineuse satire. Plus violent, il eût été moins populaire, et par conséquent moins redoutable. C'est une mascarade plutôt qu'une invective : les prêtres et les moines, les nobles et les princes paraissent souvent sur la scène, mais jamais sous des traits odieux ; ils sont dupes quelquefois, jamais fripons ou méchans. Aussi les voit-on s'associer eux-mêmes au succès du poème : les *provoires* sont moins empressés de faire *peindre l'image de Notre-Dame dans leurs moutiers* que celle d'*Isengrin et de sa femme dans les chambres où ils reponnent.* C'est pourquoi maître Gorpil, né au XIIIe siècle de parens obscurs, méritera, pour avoir bien connu l'esprit de son temps et de son peuple, pour l'avoir gouverné avec finesse et modération, de laisser de son règne un bon et durable souvenir, d'imposer à la langue française le nom qu'il lui a plu de se forger, enfin d'être adopté par La Fontaine et de s'appeler toujours maître Renard.

Quelle est donc la tendance générale de ce poème ? quelle est l'idée à laquelle il répond ? Nous l'avons dit, c'est l'antithèse de l'esprit chevaleresque, c'est la ruse triomphant partout du droit et de la force. Et qu'on ne s'attende pas à voir cette ruse ou honnie ou moquée. Non ; les exploits de Renart provoquent partant un sourire d'approbation ; on admire la fécondité de son génie, on suit avec intérêt les aventures scabreuses de ce truand mangeur de poules ; on le voit traverser toute la société féodale sans y jeter ni ridicule ni malédictions, il se contente de la confisquer à son profit. Justice seigneuriale, combats en champ clos, sièges de châteaux-forts, batailles, hommages-liges, monastères, pèlerinages, tout passe sous nos yeux, sans autre dérision que le travestissement des personnages et l'éternel succès des intrigues de Renart, tour à tour jongleur, pèlerin, mire, chevalier, empereur, et toujours fripon. Il vieillit paisible et honoré dans son château de Maupertuis ; sa mort elle-même est une ruse.

Au profit de qui se fait cette satire ? Quelle idée sera l'héritière immédiate de la chevalerie ? Un fabliau va nous le dire.

Deux jeunes damoiselles se promènent dans une riante prairie par un de ces beaux jours de printemps si chers aux poètes du XIIIe siècle. A un tel âge, dans un tel lieu, de quoi parler, sinon d'amour ? Nos deux jouvencelles se font de réciproques confidences ; l'une aime un clerc, et l'autre un chevalier. Chacune défend avec chaleur la supériorité de son choix, et n'épargne pas à l'autre les plaisanteries les plus piquantes. L'amante du clerc se rit de la pauvreté du chevalier, qui met tout en gage pour aller au tournoi, et revient dans les bras de sa mie couvert de gloire… et sans manteau. Comme les deux amies ne peuvent tomber d'accord, elles portent la contestation à la cour du dieu d'amour, et là chacune choisit un défenseur. Le modeste et mélodieux rossignol combat pour la cause des clercs ; le perroquet, oiseau criard et disgracieux, soutient le parti opposé. Le premier jette son gant et commence l'attaque. Une feuille de rose forme leur heaume, un brin de gazon leur cimeterre. Le perroquet succombe et confesse, l'herbe sous la gorge, que les clercs sont plus courtois que les chevaliers.

Cette plaisanterie satirique est, non pas la preuve, mais l'indice d'un fait grave. C'était en effet le clerc qui supplantait le chevalier. Tantôt l'attaquant directement et en son nom, il le poursuivait jusque sous le manteau royal, et tentait ouvertement d'établir la théocratie ; tantôt au contraire, conseiller ou ministre, il s'empressait autour de la royauté naissante, et s'en faisait l'auxiliaire, afin d'en devenir le maître. Avec elle, il travaillait à l'abaissement des grands vassaux. Le clergé avait peu de penchant pour le système féodal : nous l'avons entendu tout à l'heure, par la bouche du diacre Florus, en regretter l'établissement. Il est vrai que, quand il le vit fortement constitué, il en prit provisoirement sa part ; mais là n'étaient point ses sympathies : ses souvenirs le reportaient à l'administration romaine, à l'époque impériale, où tous obéissaient à un seul homme, tandis que cet homme relevait de Dieu, dont les clercs étaient les interprètes. Il y a plus : sous les passions des hommes qui s'agitaient à la surface, se livrait comme à l'ordinaire une lutte sérieuse d'idées et de principes. Le pouvoir féodal et guerrier, le droit du fer, ne pouvait subsister seul ni dominer long-temps. Nécessaire pour retremper les âmes, il eût fini par les abrutir. Il fallait que la pensée, la tradition, la science, entrassent pour

Jacques Demogeot

quelque chose dans le gouvernement du monde ; il fallait qu'à côté de cette hérédité charnelle se montrât déjà par quelque endroit l'hérédité spirituelle, l'élection. Le clergé représentait alors tous ces principes : c'était donc à lui de combattre par tous les moyens la force brutale que sa nature même condamnait à périr.

Le pouvoir ecclésiastique fut, au milieu de la société guerrière, une magistrature censoriale, une haute satire constituée et vivante. C'est dans sa parole plus que dans les chants des trouvères qu'apparaît la protestation contre l'insolence et la tyrannie des nobles. On n'y trouve plus seulement une ingénieuse et innocente parodie, mais une invective pleine d'audace et de verve. Pour lutter contre le baron bardé de fer, l'esprit de justice a revêtu la robe du prêtre.

On peut trouver le type de cette noble satire dans les lettres des souverains pontifes. Il faut entendre le pape Grégoire VII flétrissant, aux yeux des évêques de France, les abus de l'anarchie féodale, l'impuissance des rois et la cruauté des guerres privées. « Est-il quelque infamie, quelque espèce de cruauté, dit-il, qui ne se commette impunément en France ? Depuis un certain temps, la puissance royale affaiblie n'a plus de lois à opposer aux délits, plus de force pour les punir. Les Francs, ennemis entre eux, lèvent des troupes et se font la guerre pour venger leurs propres injures. Ces querelles privées désolent la patrie, la remplissent de meurtres, d'incendies, et des autres calamités que produisent les guerres. »

La censure sacrée ne s'arrête pas même au pied du trône : « Votre roi, continue Grégoire, ce roi que l'on doit plutôt qualifier de tyran inspiré par le diable, est le principal auteur de ces désordres. » Suit alors une confession générale de Philippe Ier, long catalogue d'accusations assez vagues qui se termine par ce trait fort précis : « Dernièrement, des marchands de divers pays se rendaient à une foire qui se tient en France, lorsque ce roi, en vrai brigand, les arrêta et leur enleva une somme considérable d'argent. » L'héritier des mœurs et de la civilisation latines ne pouvait comprendre cette façon chevaleresque de percevoir l'impôt, ce système de contributions directes très usité à cette époque, témoin les exploits des Burchard, des Eudes, des Milon, des Hugues de Pomponne, et de presque toute la haute noblesse contemporaine des premiers Capétiens.

Il n'était pas encore tombé en désuétude au XIIIe siècle. Jacques de Vitry, évêque, cardinal et légat, nous montre les seigneurs de son temps, malgré les titres pompeux et les dignités dont ils s'enorgueillissent, ne dédaignant pas d'aller *à la proie* et d'exercer le métier de voleur. Ils font ordinairement mettre en prison et charger de chaînes des hommes qui n'ont commis aucun délit, et leur font endurer des tortures cruelles pour leur extorquer de l'argent. « Les nobles, ajoute-t-il, sont semblables aux chiens immondes, qui, toujours affamés, disputent aux corbeaux voraces la chair des cadavres. »

Ce n'était pas seulement le pape, le chef de la chrétienté, qui, par lui-même ou par ses légats, se croyait le droit de réprimer les crimes des puissans : la censure appartenait à quiconque dans les rangs du clergé sentait la double inspiration du talent et du zèle. Bernard, abbé de Clairvaux, élevait au milieu des évêques et des rois une voix respectée : « Malheur à nos princes, s'écriait-il, impuissans pour le bien et puissans pour le mal ! » Le simple moine ose attaquer Suger jusque sur les marches du trône, et lui reprocher son faste royal. « J'ai vu un abbé, dit-il, marcher à la tête de plus de soixante cavaliers qui lui servaient de cortége. Au luxe qu'étalent les abbés, vous les prendriez, non pour des supérieurs de monastères, mais pour des seigneurs de châteaux, non pour des directeurs de consciences, mais pour des gouverneurs de provinces. Ce qu'il y eut de remarquable dans cette leçon morale, c'est qu'elle réussit. Suger réforma l'appareil mondain de sa maison. La libre parole de saint Bernard montait même plus haut que le ministre. Louis-le-Gros semblait-il porter la moindre atteinte à l'indépendance cléricale, le pape usait-il de quelques mesures conciliatrices envers le roi, aussitôt l'abbé de Clairvaux réprimandait le roi, réprimandait le pape ; seul contre tous et fort de sa vertu, il faisait triompher en face des puissances officielles un pouvoir nouveau et inconnu dans ces temps barbares, celui de la pensée et de l'autorité morale.

Que manque-t-il à de telles invectives pour en faire de véritables satires ? Ce n'est à coup sûr ni l'audace de l'esprit, ni la verve caustique et un peu déclamatoire du langage. On y trouve même quelquefois la forme rhythmique, ce qui achève de ranger la satire cléricale dans les cadres ordinaires de la littérature. Nous avons deux de ces pièces latines du XIe siècle, l'une d'Adalbéron, évêque de Laon,

Jacques Demogeot

l'autre d'un auteur inconnu, mais appartenant sans doute aussi à l'ordre ecclésiastique. Celle d'Adalbéron est écrite en hexamètres assez barbares, dans lesquels on retrouve pourtant le souvenir des anciennes traditions métriques. A travers l'obscurité presque impénétrable du style, on y distingue quelques traits heureux. L'évêque s'indigne de voir élevés aux dignités ecclésiastiques des soldats illettrés. Tout à l'heure nous avons entendu un trouvère tourner en ridicule le vilain qui se glissait dans les rangs de la noblesse : les deux sociétés régnantes s'enveloppent d'un cordon sanitaire ; elles repoussent les intrusions qui violent leur principe, l'une la roture, l'autre l'ignorance. Adalbéron est surtout plein de verve quand il se moque des moines transfuges qui, à la suite d'Odilon, abbé de Cluny, prenaient les mœurs et les allures de la société féodale :

Hier il partit moine ; il nous revient guerrier.

Il descend d'un seul bond d'un fringant destrier,

Et, paladin tondu, ceint sa tête amphibie

D'un grand bonnet de poil pris à l'ours de Lybie.

Son froc jusqu'au mollet à peine est descendu,

Divisé par devant, par derrière fendu.

Un brillant baudrier relève sa stature ;

Il porte un arsenal pendant à sa ceinture,

Épée, arc et carquois, tenailles et marteau,

Briquet et chêne sec. Un fastueux manteau

Inonde de ses plis l'anachorète austère.

Il bondit en marchant, éperonne la terre,

Tandis qu'au bout du pied, montant Dieu sait jusqu'où,

Se dresse avec orgueil la poulaine au long cou.

Son couvent bien connu le reconnaît à peine ;

Ses frères étonnés accourent hors d'haleine.

Au prélat du couvent il se présente fier :

Partie II.

- « Quoi donc ! es-tu mon moine ? et t'envoyai-je hier ? »

Lui, relevant le coude, et le poing sur la hanche,

L'œil arrogant, le cou raide comme une planche :

« Je suis soldat, dit-il, et ton règne est fini.

Mon maître est Odilon, monarque de Cluny.[1] »

L'autre satire, écrite à la même époque, a rejeté les lois de l'ancienne prosodie pour adopter celles qui reposent uniquement sur la rime et le nombre des syllabes. Elle a pour objet l'insolente domination que Landris, comte de Nevers, s'arrogeait sur le pieux roi Robert et sur les princes ses fils. L'auteur, bien que clerc lui-même, blâme énergiquement le roi de se laisser réduire à la condition monacale par un vassal ambitieux :

Dès qu'il entra dans le palais du roi,

L'honneur royal fut en grand désarroi.

- « Qu'Henri, dit-il, garde nos sacristies.

Hugues, jetant la couronne aux orties,

En capuchon changera son haubert.

Nous donnerons la crosse au roi Robert ;

Il est bonhomme et simple dans sa vie.

Hugue est bon chantre, et sa voix est jolie.[2] »

[1] Vespere progreditur, tum mane revertitur ad nos,

    Et festinus equi spumantia colla reliquit.

    Pileus excelsus de pelle Libvstidis urne :
    Et vestis crurum tenus est curtata *talaris*,
    Finditur anterius, nec partit posteriori
    Ilia Baldringo cingit strictissima picto, etc.

(*Recueil des histoires de France*, t. X, p. 66.)

[2] Honoris fondit terminum

    Intrans regis palatium
    Henricus sit aedituus,
    Dicit Bodonis filius ;
    Fiat rex Hugo monachus,

Jacques Demogeot

Les conciles, ces assemblées nationales de la chrétienté où s'était réfugié ce qui restait de la liberté de discussion, faisaient entendre aussi contre les puissans de la terre des plaintes et même des menaces. Dans celui qui se tint à Clermont en 1130, les évêques témoignèrent leur indignation contre « l'habitude criminelle et destructive des incendies, » et montrèrent le châtiment suspendu sur la tête des coupables. Au concile de Reims, le diacre Pierre, parlant au nom du pape Léon IX, fait une satire violente des mœurs des seigneurs laïques et même du clergé transfuge : « Les prêtres et les moines abandonnent leurs habits religieux pour se livrer à la guerre et au pillage ; les laïques s'emparent des églises et des autels, et en perçoivent les revenus ; ils quittent leurs épouses pour des plaisirs adultères. Bien plus, l'antique Sodome semble renaître de sa cendre. »

Il ne fallait pas toujours d'aussi graves motifs pour exciter l'indignation de ces respectables assemblées. Elles descendaient quelquefois aux caprices de la satire, et critiquaient, non plus les vices, mais les travers de la société.

Foulques le Rechin, comte d'Anjou, viveur déterminé et mari infortuné de la fameuse Bertrade, pour qui Philippe Ier se fit excommunier, avait contracté, dans le cours de ses exploits gastronomiques, des protubérances qui lui rendaient les pieds difformes. Il s'empressa d'adopter et de mettre à la mode des souliers d'une forme extravagante, qu'on appela alors des pigaces, et plus tard des chaussures à la poulaine. La partie antérieure se relevait en pointe plus ou moins longue. Chez les gens du commun, cette excroissance n'avait qu'un demi-pied ; les riches la portaient d'un pied ; les princes allèrent jusqu'à deux : chacun mesurait son pied à la dignité de sa personne, et la hauteur de sa pigace était celle de ses prétentions. Aussitôt pontifes et conciles s'armèrent contre ce ridicule. Le synode de Nîmes, en 1284, défendit de défigurer l'image de Dieu. Urbain V interdit les pigaces sous les peines les plus sévères, et le roi Charles V donna force de loi au bref du saint-père en défendant, en 1365, à tous les cordonniers du royaume de faire à ses sujets des souliers plus longs que leurs pieds.

Rex Robertus episcopus,
Habens hic vitam simplicem,
Alter vocis dulcedinem.

Partie II.

La tête attira également l'austère vigilance de l'autorité ecclésiastique. Les Grecs et les Romains avaient porté les cheveux courts ; les Gaulois s'étaient distingués par la longueur de leur chevelure ; chez les Francs, de longs cheveux étaient le signe du commandement. Raser la tête des Français n'était donc pas chose indifférente et puérile, c'était les arracher aux traditions barbares, et les soumettre aux habitudes de la société latine, c'était le signe extérieur de la transformation réelle que le clergé avait accomplie. Radhode, évêque de Noyon et de Tournay, qui mourut en 1097, fut le premier qui, les ciseaux en mains, marcha à cette nouvelle conquête. Il profite d'un temps d'épidémie, il prêche, il cite saint Paul, et plus de mille jeunes lions picards consentent à faire couper leurs crinières. L'évêque normand Serlon coupa de sa main la royale chevelure de Henri Ier. Le concile de Rouen, en 1096, menace d'excommunier quiconque laissera croître ses cheveux ou sa barbe. Les imaginations se frappent : un militaire, dit Guillaume de Malmesbury, rêve qu'on l'étrangle avec ses longs cheveux ; à son réveil, le nouvel Absalon n'a rien de plus pressé que de se faire raser la tête, et presque tous ses compagnons d'armes imitent son exemple.

Les évêques eurent quelquefois à combattre des inventions plus bizarres, et leur éloquence prenait alors merveilleusement la couleur du sujet. Milon, évêque de Térouanne, prêchant contre le luxe des femmes, leur disait : « Il ne convient pas aux dames chrétiennes d'avoir des robes traînantes qui ne sont bonnes qu'à ramasser la poussière. Sachez, mes chères dames, que si, pour balader les rues, vous aviez besoin de longues queues, la nature y eût pourvu par quelque semblable ornement. » Au reste, il y eut des dames qui voulurent réparer à la lettre cette omission de la nature, et qui, n'ayant pas le moyen de faire à leurs robes des queues d'étoffe, y attachaient, dit un contemporain, des queues d'animaux, afin qu'il ne fût pas dit qu'elles en fussent totalement privées.

Le XIe siècle ne manquait pas, on le voit, de la matière satirique, de ce que j'appellerai la satire en suspension, n'attendant, pour se précipiter sous une forme littéraire, qu'un puissant réactif, un écrivain tel que Juvénal ou Perse. C'est le vœu qu'exprime Orderic Vital, à qui nous devons plusieurs de ces détails. Il cite néanmoins par leurs noms deux poètes satiriques contemporains, Gervius

Grossinus, « fougueux écrivain, qui attaqua par l'hyperbole la perversité effrénée dont il contemplait les progrès, » et Blitero, natif de Flandre, « qui, par ses vers élégiaques, caractérisa éloquemment les malheurs de l'humanité. Beaucoup d'autres savans lettrés, » ajoute-t-il, « se sont répandus en plaintes sur les crimes et les malheurs de ce siècle ; » et, pour nous consoler de leur perte, Orderic déclare qu'il en a tiré la substance de son ouvrage. Nous pouvions donc, sans sortir de notre sujet, lui faire quelques emprunts, puisqu'il ne fait qu'abréger des poètes satiriques aujourd'hui perdus pour nous.

La satire ne quitta pas la chaire chrétienne pendant tout le moyen-âge. Nous la retrouvons dans toute sa verve et dans son impudente audace chez les prédicateurs du XVe siècle, chez les Menot, les Maillard, les Raulin. C'est encore aux riches et aux princes qu'elle aime à lancer ses plus amers sarcasmes. La vieille féodalité est abattue ; les oppresseurs sont changés, mais l'oppression survit, et avec elle la parole courageuse du peuple en froc qui la réprouve.

Dans l'intervalle, l'inspiration chevaleresque avait cessé avec la domination féodale. Les croisades avaient été l'apogée de leur splendeur et le principe de leur décadence. Quand les Urbain, les Foulques, les Bernard, conduisaient les barons français à ces lointaines entreprises, à leur insu ils entraînaient la chevalerie à sa mort. Elle demeura ensevelie dans le tombeau divin. Peu à peu se turent ces primitives chansons de gestes, qui avaient charmé une génération héroïque. Au lieu de ces ménestrels ambulans et improvisateurs qui allaient de castel en manoir remplir de leurs chants épiques le vide des tournois et des guerres privées, parut une génération d'écrivains, poètes sédentaires, beaux esprits savans, qui ne chantèrent qu'avec la plume ; alors s'introduisit peu à peu la fade et cléricale allégorie. Au lieu de Roland et d'Arthur, on ne parla plus que de Dangier et de Bel-Accueil. Heureusement, dans les rangs du peuple, au joyeux foyer des compères de la nouvelle commune, venait souvent s'asseoir quelque bon vieux jongleur. Là, tandis que se choquaient les hanaps remplis de vin de Brie, il répétait d'un ton narquois quelques-uns de ces jolis contes qu'ilcontait si bien. Il disait « du prud'homme qui rescolt son compère de noyer, ou du chevalier qui oait la messe, parfois aussi du vilain qui gagna paradis en plaidant, ou du provoire gourmand qui mangea des mûres et resta pendu au mûrier. » Pour peu que le vin fût bon, le récit devenait plus malicieux. C'était la satire populaire.

Partie III.

Nous avons déjà vu la satire attaquer successivement deux puissances, l'unité carlovingienne et la féodalité laïque. Suivons-la maintenant dans une troisième lutte.

La chevalerie une fois rejetée au second rang, le pouvoir véritable, vivant, c'est l'église. Elle siège sur le trône de France avec le second et le troisième roi capétien ; elle excommunie le quatrième, le contraint de déposer la couronne, et d'aller de ville en ville errant et presque fugitif ; elle insulte et menace le cinquième ; elle gouverne le royaume à la place du sixième qu'elle envoie guerroyer en terre sainte, et dont elle fait un moine, dit amèrement sa femme Éléonore ; elle excommunie encore le septième, et ses hardis empiètemens s'arrêtent à peine un instant devant la vertu et la sainteté de Louis IX. L'église est l'ame du moyen-âge : c'est elle qui rajeunit l'imagination des peuples par de naïves légendes, qui montre à leur courage de hautes entreprises, crée des lois, change les mœurs, imprime son cachet sur les arts, et, pareille à cet esprit divin dont nous parle un poète, se mêle à ce grand corps et en agite la masse. Eh bien ! aucune époque ne lança contre l'église plus d'attaques railleuses, plus de sarcasmes amers. Ce sont tantôt de malins fabliaux où l'on tourne en ridicule la licence des moines, l'avarice des *provoires* et leurs scandaleuses aventures, tantôt des chansons moqueuses ou des invectives violentes contre Rome, contre les abus et même contre les dogmes.

La raison en est simple : l'église, au lieu d'être, suivant son idéal divin, une société spirituelle et libre, était devenue un pouvoir ; elle ne contenait qu'en comprimant. Moins absolue, elle eût rencontré la résistance et la lutte ; souveraine, elle n'eut à craindre d'autre obstacle que la satire. La raillerie est la compensation de l'obéissance, l'expression légale du mécontentement ; c'est la soupape de sûreté. La chanson a toujours été en France le correctif naturel du despotisme : le moyen-âge déjà était une théocratie tempérée par des fabliaux. C'est ainsi qu'à Athènes le peuple se

Jacques Demogeot

dédommageait de la soumission des camps par les railleries du théâtre : la comédie était un des contrepoids de la démocratie ; elle rétablissait l'égalité altérée par la nécessité du commandement. Les dieux eux-mêmes, gardiens officiels de la morale, magistrats de l'éternelle justice, ressortissaient à ce tribunal populaire, sans être moins respectés dans l'exercice de leurs divines fonctions. Aristophane raillait Jupiter Tonnant, comme il raillait Cléon le corroyeur ; et, si Cléon avait l'esprit assez mal fait pour s'en fâcher, Jupiter était trop bon citoyen pour n'en pas rire. Au moyen-âge, sans aller tout-à-fait aussi loin, les choses, par une nécessité logique, suivaient la même pente. La moquerie avait d'autant plus beau jeu avec le clergé, que le dérèglement des mœurs contrastait d'une manière plus piquante avec la sainteté des devoirs. Le ridicule naît toujours d'une prétention manquée. Quelquefois cette satire fut âpre et violente, souvent elle n'est qu'une gaieté naïve et sans intention ; elle n'a pas conscience de l'œuvre de destruction qu'elle prépare, tant il y a dans sa mission quelque chose de fatal ! Sur ces hardis et sublimes édifices, dont les flèches légères semblent porter jusqu'au ciel l'hommage de la prière, la satire a trouvé sa place. Mille sculptures bizarres associent la raillerie à la foi. Au milieu des hymnes sacrés qui retentissent sous ces voûtes gothiques se mêlent des cérémonies indécentes, des parodies ridicules. Les mystères introduisent la bouffonnerie dans la Bible ; les danses macabres osent placer le rire en face de la mort. L'église ouvre les bras à cette folle gaieté ; elle veut enlacer de toutes parts le peuple qu'elle gouverne, satisfaire seule tous ses besoins, nourrir seule toutes ses facultés. C'est par elle qu'on prie et qu'on pense, elle veut qu'on rie par elle, trop forte encore pour redouter dans le rire une formidable puissance ; et pourtant la satire par l'église touchait de bien près à la satire sur l'église.

Je ne chercherai pas, au milieu des abondans matériaux que me fournit la malice de nos bons aïeux, l'occasion d'un rire trop facile ; ce serait à la fois inconvenant et injuste. On ne doit pas juger un corps qui se recrute au sein d'une société ignorante et grossière, du haut des idées, de décence d'une époque plus polie. Les exigences de l'histoire, sont toujours relatives. Il importe cependant de voir l'esprit séculier, la pensée libre, s'efforçant de se faire jour à travers l'autorité spirituelle, la saper sourdement à l'aide de la machine redoutable qui mine tous les pouvoirs.

L'architecture était au moyen-âge le plus expressif de tous les arts, ce fut elle qui manifesta les premiers symptômes de l'esprit d'indépendance. Jusqu'au XIe siècle, la construction des églises avait été une œuvre hiératique, une espèce de secret des prêtres et des moines. Leurs édifices n'étaient guère que des imitations plus ou moins heureuses, plus ou moins barbares des basiliques italiennes. Le plein cintre lourd et écrasé dominait les fenêtres et les voltes. Le pilastre cannelé se couronnait d'un chapiteau en arabesques ou en feuillage, corruption du style corinthien : l'art chrétien n'existait pas encore. Cependant se formait dans un coin de l'Europe, dans une île célèbre pour son esprit d'indépendance, et toujours indocile au joug des deux atomes, une société de constructeurs laïques. L'an 926, elle avait rédigé sa charte à York, et dès-lors se répandirent lentement sur le nord ces merveilleux architectes qu'on nomma francs-maçons. Les circonstances favorisèrent leur génie. Long-temps comprimée par la crainte de la fin du monde annoncée pour l'an 1000, l'Europe respira au commencement du XIe siècle, et se rattacha pleine d'espoir à la vie. Aussitôt elle se couvrit d'une foule d'églises nouvelles, comme pour exprimer au Dieu qui l'avait sauvée sa reconnaissance et son bonheur. Il semblait, dit Raoul Glaber, que le monde, rejetant ses vieux lambeaux, s'était couvert d'une blanche et éclatante tunique. Un progrès est la récompense d'un affranchissement. L'architecture prend aussitôt l'essor. À la ligne horizontale, principe de l'art ancien, se substitue la ligne verticale, comme génératrice de tous les ornemens nouveaux. L'édifice monte vers le ciel au lieu de s'élargir complaisamment sur la terre. Le pilier massif fait place à un faisceau d'élégantes nervures ; les colonnes s'amincissent pour paraître s'élancer davantage. De plus, elles se serrent pour exagérer la hauteur en diminuant l'intervalle, et les deux portions de la voûte ainsi rapprochées, au lieu de se continuer en arrondissant leur courbe, se coupent à angle aigu, et donnent naissance à l'ogive.

L'ogive devient le caractère distinctif des constructions libres, le signe de l'opposition dans l'art. Les églises construites par des moines architectes, même au XIIe siècle, n'en portent point de traces ; partout où des architectes laïques mettent la main, l'ogive y paraît avec eux. Il y a entre ces deux puissances lutte, rivalité, et quelquefois rivalité sanglante. Nous voyons au XIe siècle un évêque d'Utrecht arracher à un jeune homme nommé Pleber le secret de jeter les fondemens d'une église, *arcanum magisterium*, et le père du jeune homme tuer l'évêque pour reprendre son secret. Cet esprit d'hostilité des artistes libres contre le sacerdoce est surtout visible dans les nombreuses sculptures dont ils ont décoré leurs monumens. On y voit des moines qui se livrent à tous les vices, des prêtres à tête de renard placés dans des chaires, et environnés d'un auditoire de poules, d'oies et de dindons. Vis-à-vis de la chaire de la cathédrale de Strasbourg, aux chapiteaux de la nef, on voyait une sculpture qui représentait un âne disant la messe ; d'autres animaux la servaient. On y voyait aussi une procession dans laquelle des ours et des truies portaient un renard dans une châsse ; un ours tenait un bénitier, et d'autres bêtes le suivaient avec une croix et des cierges.

Dans les arts de la pensée, le premier mouvement d'émancipation partit de la cellule d'Abélard. Sans vouloir renverser la foi, il prétendit la démontrer : c'était presque la même chose. La raison alors eût été souveraine ; elle eût pu dire à l'église : *Servare potui, perdere an possim rogas* ? En même temps deux disciples du maître traduisent chacun à sa façon cette inspiration d'indépendance. Arnaud de Brescia chasse le pape de Rome ; Hilaire le chansonne à Paris, et, par un mélange bizarre, mais significatif, il joint la langue vulgaire à ses rimes latines : il est évident qu'il en appelle au jugement du peuple.

Papa captus hune vel hanc decipit ;

Papa quid vult in lectum recipit ;

Papa nullum vel nullam excipit.

Papae detur, nam papa praecipit.

Tort a qui ne lui donne.

Ainsi, c'est dans les écoles, c'est dans le sein même de la société cléricale que se manifestent les premiers symptômes d'opposition, L'église, victorieuse de la force au nom de la pensée, ne sera vaincue que par son principe. Sous ses ailes grandissait long-temps inaperçu un auxiliaire dangereux qui, au XIIIe siècle, avait déjà manifesté toute sa puissance, l'université de Paris, corps formidable par le nombre de ses disciples, par l'immense réputation de ses docteurs, et par l'activité prodigieuse de ses stériles études. Elle peuplait tout un quartier de Paris, le tiers de la ville ; chaque année, au mois de juin, lorsqu'elle se rendait à la bénédiction de la foire du *Landit*, la tête de la procession était déjà à Saint-Denis, tandis que les derniers rangs n'avaient pas encore passé la Seine, et, quand votait cette république au suffrage universel, on pouvait recueillir en faveur d'une question jusqu'à dix mille voix. Ses écoliers, pauvres et turbulens, allaient le jour mendier leur pain qu'ils mangeaient ensuite sur la paille de leurs écoles. La nuit, quand ils ne veillaient pas entre le *trivium* et le *quadrivium*, ils parcouraient les carrefours de Paris, battant les bourgeois, enlevant leurs femmes ; puis, si quelque prévôt se permettait de châtier les plus batailleurs, l'université suspendait ses cours, et le prévôt faisait amende honorable.

Un poète contemporain, Jean d'Antville, nous fait, dans son *Archithrenius*, une peinture détaillée de toutes les misères pittoresques de cette vie d'écolier au XIIIe siècle ; il n'en supprime que les vices. Avec un peu de bonne volonté, on croit lire dans Juvénal la piteuse description de l'équipage du poète qui s'exile de Rome. D'Antville nous trace d'abord un portrait peu flatteur de la personne de l'étudiant :

Sur son front se hérisse une ample chevelure

Dont le peigne a toujours négligé la culture ;

Jamais un doigt coquet, une attentive main,

Aux cheveux égarés ne montrent le chemin.

Un soin plus important aiguillonne leur maître

Il faut chasser la faim, toujours prompte à renaître.

Le temps à son manteau suspend d'un doigt railleur

La frange qu'oublia l'aiguille du tailleur…[1]

---

1 Neglecto pectinis usu

    Caesaries surgit, digito non tersa colenti…
    Non coluisse comam studio delectat arantis
    Pectinis, errantique viam monstrasse capillo.

Jacques Demogeot

La cuisine de l'écolier ne vaut guère mieux que sa toilette :

Près du tison murmure un petit pot de terre

Où nagent des pois secs, un ognon solitaire,

Des fèves, un poireau, maigre espoir du dîner

Ici cuire les mets, c'est les assaisonner.

Et, quand l'esprit s'enivre aux ondes d'Hippocrène,

La bouche ne connaît que les eaux de la Seine.

Après que l'écolier a *diminué* sa faim, il va maigrir sur un lit des plus durs, qui n'est guère plus haut que le sol. C'est là que gît, souvent sans sommeil, l'infatigable athlète de la logique, l'héritier d'Aristote. La lueur avare d'une lampe lui dessèche les yeux, tandis que,

L'oreille sur sa main, le coude sur son livre,

A ces morts immortels tout entier il se livre.

Si quelque nœud tenace arrête son esprit,

Il fatigue du pied l'entrave qui le prit.

D'un feu sombre et brûlant son œil creux s'illumine ;

Son menton incliné pèse sur sa poitrine.

Il y a dans les vers originaux de Jean d'Antville quelque chose de cet enthousiasme fiévreux, de cette patiente fureur dont il avait sans doute sous les yeux plus d'un exemple. Toutefois il ne faudrait pas s'attendre à trouver toujours dans ce poète un peintre fidèle de son époque. Il écrit en vers latins, c'est-à-dire qu'il s'inspire plus de sa mémoire que de ses yeux ; il est plus jaloux de dérober un hémistiche à Perse qu'un tableau naïf à la vie réelle qui l'entoure. Pour donner une idée de la compassion que mérite le sort des écoliers, il va nous parler longuement des chevaux de Diomède et de l'autel de Busiris. Rempli de lieux-communs antiques, il ne connaît pas cette grossière et aimable franchise de la langue

---

Major depellere pugna

Sollicitudo famem ; longo defringitur aevo

Qua latitat vestis, aetatis fimbria longe

Est, non artiticis.

vulgaire. Dans la rudesse raffinée de son savant langage, il n'a pas même les avantages de la barbarie. On trouve déjà chez lui les interminables descriptions du *Roman de la Rose* ; on y remarque un long discours de dame Nature expliquant ses secrets, discours qui pourrait bien avoir servi de modèle à Jean de Meung. Le plan de ce poème appelle un rapprochement plus singulier encore : il ressemble à celui des derniers livres de Rabelais. Archithrenius, ou maître Pleureur, le héros de d'Antville, est aussi un voyageur satirique, une manière de Panurge larmoyant, qui visite le monde, trouvant partout à redire, ou plutôt à pleurer, jusqu'à ce qu'il arrive à l'oracle souverain qui met un terme à ses douleurs. Seulement, la panacée d'où sort sa guérison n'est pas la dive bouteille, mais une douce et charmante vierge qui va devenir son épouse. Nous ne sommes qu'au commencement du XIIIe siècle, nous touchons encore aux beaux temps des rêves chevaleresques : Panurge se mariera.

Il n'en sera pas moins médisant pour cela. Sur la colline de la Présomption, Archithrenius rencontre de jeunes prélats efféminés qui achètent par centaines les épouses du Christ (les églises ou abbayes) que doit régir leur bâton pastoral ; et sur la montagne de l'Orgueil, que Bonamy a prise assez plaisamment pour le palais des Thermes, le triste voyageur découvre auprès des nobles, habitans ordinaires de ce lieu, des moines qu'il nous dépeint avec une singulière complaisance :

Vois ce moine arrondir son arrogant sourcil.

Le front haut, l'œil baissé, mais glissant de profil.

L'orgueil gonfle son sein plus qu'un repas de fête ;

Son ventre est ballonné d'une double tempête

L'Ivresse y met du vin, la Vanité, du vent.

Manque-t-il un monarque au sceptre du couvent :

Notre moine en son cœur saisit la place vide,

Avec la crosse absente unit sa main avide :

Prieur en espérance et despote en projets,

Il règne sans rival dans sa cour sans sujets.[1]

Les moines furent exposés au premier feu de l'insurrection. Jadis dépositaires de toute culture intellectuelle, les anciens couvens avaient merveilleusement travaillé à se rendre inutiles : la science, nourrie dans les cloîtres, finit par en sortir, et les terrains qu'elle laissa en friche se couvraient de mauvaises herbes, vaste pâture pour la satire. Rome alors, avec cette sagacité profonde qui la distingue, changea la forme et l'emploi du monachisme ; elle lança sur le monde des ordres nouveaux d'une martiale allure. Milice intrépide et docile, les dominicains et les franciscains s'avancent, prêts à tout, armés à la légère, avec leur besace et leur froc, sans réserves, sans provisions, vivant comme les oiseaux du ciel ; il faut les excommunier pour leur faire accepter la propriété de leur nourriture, ce qui ne les empêcha pas de posséder bientôt en commun d'immenses richesses. C'était l'avant-garde pontificale, la partie la plus ecclésiastique de l'église : l'esprit d'innovation ne s'y trompa pas. Comme les moines portaient un nom et un habit distincts, on pouvait les attaquer sans attaquer le clergé ordinaire : c'était frapper l'église sans en sortir, faire la guerre sans la déclarer. L'opinion dissidente s'empara de cette position commode ; beaucoup le firent par instinct, sans calcul, sans se l'avouer bien clairement à eux-mêmes, comme agissent ceux qui commencent les révolutions. L'université luttait contre les moines dans l'intérêt de ses privilèges ; la société laïque, tout ce qui écrit, tout ce qui pense en français, se jette de ce côté, et une discussion pédagogique devient une question sociale.

Le Roman de la Rose, insipide allégorie de vingt-deux mille vers, œuvre de décadence, quoi qu'en ait dit un critique aussi paradoxal que spirituel, triste fruit de la vieillesse d'une poésie qui avait produit les chansons de gestes, lourd monument d'une société pédante succédant à la société chevaleresque, doit à la satire des moines quelques-unes de ses meilleures peintures, celle de *Papelardise* par Guillaume de Lorris, et celle de *Faux-Semblant* par Jean de Meung.

Le véritable type de ces lettrés adversaires des moines et du clergé, c'est le trouvère Rutebeuf. Plébéien d'origine, clerc par le savoir,

1 Ecce supercilium monachi lunatur in altum ;

Sublimis rapitur vultus ; declivis ocellus, etc.

laïque par l'habit, quand il en avait un, pauvre existence vagabonde, pour qui la société n'avait pas encore de place, Rutebeuf semble appeler de toute sa misère l'époque bien lointaine où la pensée sera un service public rémunéré par le pays. En attendant, c'est au roi, c'est aux seigneurs qu'il demande le pain de chaque jour ; mais le roi, mais les grands ont bien autre chose en tête que le pauvre Rutebeuf, et, s'il vit de leurs générosités, il peut mourir de leur oubli. Le pis est qu'il ne mourra pas seul : le pauvre poète a eu le tort de croire encore qu'il était homme, et a fait l'imprudence d'avoir une femme, des enfans. Il est sans cotte, sans vivres, sans lit, toussant de froid, bâillant de faim. Il n'est si pauvre que lui de Paris à Senlis ; depuis la ruine de Troie, on n'en a pas vu de si complète que la sienne. Pour comble de malheur, il perd l'œil droit, son bon œil ! Le propriétaire réclame les termes échus, misère toute moderne pour la poésie, et la nourrice du petit enfançon veut de l'argent, sans quoi elle le renverra braire à la chambrette paternelle. Peut-être Rutebeuf charge-t-il un peu la peinture de sa pauvreté, moins pour la rendre touchante que pour lui donner une nuance comique ; car, s'il veut obtenir quelque chose de ses riches protecteurs, il s'agit moins de les attendrir que de les amuser.

Il faut pourtant avouer que la conduite de Rutebeuf n'est pas irréprochable. Il tente souvent avec témérité ce sort qui le traite si rudement. « Les dés me tuent, dit-il ; ils m'ont enlevé ma robe. » C'était un pauvre larcin. Au milieu de sa détresse, sa verve ne l'abandonne pas. Il trouve des traits sanglans contre les prélats, les papelards et les béguins. Il sait que le roi les protège : n'importe. Il aime mieux perdre la protection du roi qu'une malice.

Quand ces nonnains se vont par le pays ébattre,

Les unes à Paris, les autres à Montmartre,

Parfois il en part deux, on en ramène quatre…

Le chanoine aujourd'hui, rebelle au droit canon,

Pour ses amis fait peu, beaucoup pour ses amies ;

Mais n'en dites si bien non ;

Le roi ne le souffrirait mie.

Puis il vous contera de mordans fabliaux, comme le testament

Jacques Demogeot

de l'âne, qui, grace à un legs prudent, va reposer en terre sainte avec l'approbation de monseigneur l'évêque. Il ira, dans sa verve médisante, jusqu'à railler les plus utiles institutions du roi, celle des Quinze-Vingts, par exemple. Toutefois cet impitoyable moqueur, par un instinct de discipline dans l'insurrection, évitera avec soin de dire du mal de l'université. Il est vrai qu'elle semblait alors persécutée. Il trouvera même pour son chef exilé, Guillaume de Saint-Amour, des accens d'une véritable éloquence. Il s'élèvera également jusqu'à la plus haute poésie, quand il s'agira de prêcher la croisade : exhortation bien désintéressée de sa part, car la croisade emmène et ruine ses riches patrons, excepté, dit-il, les nobles et les prêtres ; or, ces derniers devaient être pour lui des protecteurs assez tièdes. Il ne faut pas faire de Rutebeuf un philosophe du XVIIIe siècle : une bonne partie de ses œuvres consiste en poésies dévotes. Plein de respect pour la religion, il n'en déteste que les ministres.

Autour de Rutebeuf se groupent une foule de trouvères satiriques, Guérin, Beaudoin, Jean de Condé, Jean de Boves, Robert de Blois, Gautier de Coinsi, tous auteurs de charmans fabliaux ; Adam de la Halle, pauvre lépreux, qui nous a laissé une satire dramatique, seul monument de ce genre au XIIIe siècle. Malheureusement cette satire ne se compose guère que des médisances locales de la bourgeoisie d'Arras ; c'est la chronique scandaleuse d'une petite ville. On y voit cependant quelques traits malins contre le pape Alexandre IV et contre les évêques « qui ont le privilège d'avoir femmes à foison. »

Quelques trouvères de cette époque, tout entiers à la refonte des vieilles chansons épiques, s'abstinrent prudemment de la satire, comme Adenès, le roi des ménestrels, qui proscrit en principe l'usage d'une arme si dangereuse :

Sais-je mal de quelqu'un, tout coi je m'en tairai ;

Ainsi le doit-on faire, et ainsi le ferai.

D'autres, sans se priver de la douce jouissance de médire, laissèrent aller leur plume sans parti pris, sans préméditation. Ils raillèrent tour à tour les chevaliers, les vilains, les femmes surtout, et plus encore les maris. Leurs bons mots contre les provoires ne sont pas l'indice d'une conjuration contre le clergé : ce n'est que gaieté d'esprit, verve de bon sens, qui frappe l'abus non comme injuste, mais comme bouffon. Ils jetèrent la satire au hasard et à pleines mains sur la grande route du ridicule : par malheur, le clergé passait.

On a vu, par tout ce qui précède, que la forme poétique de la satire française au moyen-âge, c'est surtout l'action et le récit. Elle n'est ni une harangue ni une thèse ; elle est toute pratique, toute concrète. Elle commence à se mêler à tout comme alliage, avant d'avoir une existence indépendante et propre, Elle se montre dans les édifices, dans les coutumes, dans les cérémonies, avant d'apparaître dans la littérature. Quand elle y vient, elle ne se détache pas encore des autres genres, mais se loge au hasard dans l'épopée, dans la légende, dans le sermon. Vient-elle enfin à se constituer un domaine privé, elle s'enveloppe, pour le parcourir, d'une forme dramatique et vivante, et voyage incognito sous le nom de fabliau et de roman.

Le XIIIe siècle a pourtant quelques ouvrages qui se rapprochent, par la forme, de la satire, telle que les Romains l'avaient connue. Ce sont les *bibles*. Elles ressemblent à la satire latine par la marche didactique qu'elles adoptent, elles en diffèrent par leur tendance encyclopédique. Elles n'aspirent à rien moins qu'à censurer la société tout entière, tous les états et tous les vices. Il y a là quelque chose d'analogue au sermon, moins la gravité. Le titre de *bibles* lui-même est significatif. La satire n'avait pas encore eu de si hautes prétentions ; elle est désormais un ouvrage important, un livre, et même un livre qui prétend au respect et se pique de véracité.

Cette forme littéraire est due à Thibaut de Mailly, qui vivait dans la seconde moitié du XIIe siècle. Le chef-d'œuvre du genre appartient à Guyot de Provins. Guyot était fait pour la satire. Esprit délié et pratique, il saisissait finement les détails, sans tenir compte de l'ensemble. Myope moral, il distinguait bien, mais de près. L'éducation avait secondé la nature. Guyot, comme Ulysse, avait vu les mœurs et les villes de beaucoup d'hommes, il avait voyagé en Allemagne, en Palestine, visité les différens monastères, c'est-à-dire au moyen-âge les différentes nations, parcouru les châteaux, assisté aux cours plénières, connu les plus hauts barons, et, au milieu de tout cela, il avait gardé ses vertus et ses vices de moine encore plus fidèlement que son habit, car il changea d'ordre plusieurs fois, allant du blanc au noir, de Clairvaux à Cluny, toujours mécontent, toujours médisant, toujours malin ; bonhomme au demeurant, et modéré même dans ses malices ; prêchant l'aumône et l'humilité, vivant de l'une et souhaitant l'autre à ses supérieurs, aimant son bien-être par-dessus toutes choses et abhorrant tout ce qui ressemblait au danger, adorant les bons morceaux et la dive bouteille ; Rabelais du moyen-âge avec la décence de plus et le génie de moins.

Le premier objet de ses invectives, ce sont les seigneurs de son temps, gens grossiers et durs qui sont loin de valoir les vilains. Rien de plus original que le tour qu'il emploie pour exprimer le petit nombre des bons princes :

Où sont les sages et les preux ?

S'ils se trouvaient tous en feu,

Aucun prince, à ce que je cuid (pense),

Ne serait ni brûlé ni cuit.

Mais, si les félons y étoient

Et tous ceux qui en Dieu ne croient,

Et les vilains et les pelés,

Bien des princes seraient brûlés.

Jamais si loyal feu ne fût,

Car ils vaudraient mieux cuits que crus.

Après avoir réglé des comptes avec les princes temporels, le moine audacieux ne reculera pas davantage devant les seigneurs de la hiérarchie cléricale. D'abord il s'agit du pape, « de notre père l'apostole. » Guyot le traite avec assez de ménagement, quitte à se dédommager sur son entourage. Il en fait une sorte de roi constitutionnel dont les ministres seuls sont responsables :

Tout fut perdu et confondu

Quand les cardinaux sont venus.

Il trace de ces grands dignitaires de l'église un portrait peu flatté ; on en jugera par ces vers qui le terminent :

Sans foi et sans religion :

Car ils vendent Dieu et sa mère,

Et trahissent nous et leur père.

Guyot voit d'assez mauvais œil tout cet or et tout cet argent que, sous mille prétextes, on emporte au-delà des monts. Il trouve, en bon économiste, qu'on ferait beaucoup mieux d'en construire des chaussées, des hôpitaux, des ponts. Son indignation contre Rome ne connaît point de bornes, pas même celles du temps. Dans une érudite colère, il reproche à cette ville le fratricide de Romulus, le parricide de Néron et le meurtre de Jules César.

Le trouvère a commencé ses invectives par les cardinaux et la cour de Rome ; il ne s'arrêtera pas en si beau chemin ; il faut bien que la France ait son tour. Encore ici Guyot s'attaque aux membres les plus haut placés dans la hiérarchie ecclésiastique. Il se plaint de la grande convoitise dont les évêques sont liés. Pour parvenir aux honneurs, d'hypocrites candidats singent d'abord la vertu, et, quand ils ont les grandes richesses, lors ils trompent, jurent et mentent.

Comment parler des vices et ne rien dire des moines ? mais comment parler des moines, quand on porte soi-même le froc ? Or,

Y a plus de douze ans passés,

Qu'en draps noirs fus enveloppé.

Guyot se tire habilement de ce mauvais pas. Ce n'est pas lui qui attaque les religieux. Loin de là, il répond à leurs adversaires : il plaide chaudement leur cause. Seulement, — admirez le bon apôtre ! -il avoue qu'il a bien de la peine à les disculper :

Je ne puis maintenir les moines,

Déconfit en suis en maint lieu.

Ne reconnaissez-vous pas l'excellent ami que dépeint Horace ? Capitolinus est mon ancien camarade, mon ami d'enfance ; mais je ne comprends pas, je l'avoue, qu'il ait pu échapper à la condamnation. Sous cette maligne réserve, ou sent le mécontentement d'une longue vie monastique, la souffrance de l'isolement au milieu d'une

Jacques Demogeot

fraternité mensongère, et le malaise d'un cœur en qui l'amour s'est corrompu faute d'épanchement :

A ce point m'ont conduit nos frères,

Que je donnerais, par saint-père,

Douze frères pour un ami.

Quel mot amer et touchant à la fois ! quel mélange de sentiment et d'ironie ! Au reste, les vrais coupables de tous les désordres monastiques, ce sont, bien entendu, les prieurs et les abbés, car les abbés et les prieurs sont les princes et les cardinaux des monastères. Guyot, nouveau Tarquin, en veut toujours aux plus hautes têtes. C'est un écrivain grondeur, frondeur, querelleur ; il a le génie de l'opposition : c'est un grand homme né six siècles trop tôt.

Après *l'ordre noire* de Saint-Benoît vient *l'ordre blanche* de Saint-Bernard, les truands de Saint-Antoine, les convers tout-puissants de Grandmont et les heureux chanoines prémontrés ; tous sont examinés, appréciés, jugés. Au milieu de ces commérages de parloir, Guyot se met peu à peu à son aise ; comme un convive qui s'égaie à la fin du repas, le poète jette de côté la gravité officielle du moraliste. Il parle de l'abondance du cœur, il critique ces ordres rivaux d'après le degré de bien-être qu'ils présentent. On sent que le bon moine désirerait faire son salut au meilleur marché possible ; il marchande les austérités du cloître, il voudrait le ciel au rabais. D'abord il a essayé de Clairvaux ; mais à peine y avait-il passé quatre mois qu'il a renoncé à la robe blanche. « Travail y eut et peine grand. » D'ailleurs, il n'y a point de fraternité dans cet ordre. Les abbés et les célériers gardent pour eux l'avoir et les deniers, et la chair et les gros poissons ; ils boivent les bons vins et envoient les vins troubles au réfectoire, à ceux qui font le grand labeur. Guyot n'était à Clairvaux ni abbé ni célérier ; il ne put rester dans un ordre si peu charitable, où le commun des martyrs ne buvait que de la piquette. Il était trop vertueux pour tremper dans un pareil désordre.

Il ne se sent point d'inclination pour les chartreux. Ce régime sévère, ce silence, cette réclusion, ne vont point du tout au bourgeois de Provins :

C'est trop étroit et dur régime…

Chacun fait par soi sa cuisine.

Tous mangent seuls, et seuls ils gisent…

Je ne voudrais, ce m'est avis,

Être tout seul en paradis.

Ce dernier trait de naïveté et de sentiment rappelle le bon La Fontaine. Mais le plus sérieux reproche que Guyot fait aux chartreux, c'est la rigoureuse abstinence de chair qu'ils imposent même aux malades. Cette piété mal entendue révolte le bon sens du satirique : il rappelle que le Christ ordonna à ses disciples de manger sans scrupule de tous les alimens ; d'ailleurs, il fait observer que « lait et beurre et fromage excitent bien plus à luxure que chair ne fait. » Prenez garde, Guyot, vous allez un peu loin ; vous posez de hardies prémisses. Vous n'êtes pas encore au siècle d'Érasme et de Luther ; mais sur l'article de l'abstinence le moine de Cluny n'entend pas raison. Il peut dire avec le poète : Qui ne sait compatir aux maux qu'il a soufferts ? En effet, sous cette robe noire qu'il a endossée depuis douze ans,

Quel repos a-t-il jusqu'au soir

Hors seulement au réfectoir ?

Et encore ce plaisir n'est-il que trop souvent empoisonné. On lui sert des oeufs gâtés et autres friandises pareilles dont il fait une lamentable énumération. Le vin même est mouillé et lui fait mal au cœur après les oeufs, parce qu'il contient « trop de la boisson des boeufs. »

Il est encore un ordre qui sourirait assez à notre auteur, n'était un grave inconvénient qu'il ne manque pas de nous signaler. Il voudrait bien être templier.

Mais pour rien je ne combattrais.

L'ordre est bonne et belle, sans faille,

Mais ne me sied pas la bataille.

Guyot serait bon soldat s'il ne fallait pas se battre. La bravoure n'est pas son fait. Il s'étonne beaucoup qu'il y ait gens au monde qui en bataille ne fuient pas. Quant à lui, son parti est bien pris, il ne ferait pas tant de façons,

Jacques Demogeot

Et si dans leur ordre j'étais

Je sais fort bien que je fuirais.

Quatre fois Guyot revient sur cette honteuse déclaration qu'il croit sans doute bien spirituelle. Ce qu'il y a de piquant, c'est qu'entre ces grossiers axiomes de la vie animale se trouvent semées des exhortations à l'humilité, à la pureté, à l'obéissance, pacifiques vertus qui assurent la possession de la vie future sans compromettre la sécurité de la vie présente. L'éloge qu'il en fait se termine par ce refrain antichevaleresque où il ramène le souvenir des templiers

Mais ils se combattront sans moi.

On voit qu'à côté de ses don Quichottes le XIIIe siècle avait aussi ses Sancho-Pancas.

On a pu juger, sinon la diction, du moins la manière de Guyot par nos nombreuses citations. On y a remarqué sans doute une vivacité mordante, un tour généralement spirituel et convenable à la satire. Toutefois les qualités de son style dépendent plutôt de l'instinct que de l'art. Sa malice lui enseigne souvent la concision ; sa facilité extrême l'entraîne presque toujours dans la prolixité. Chose étrange ! il est à la fois serré et diffus, concis dans l'expression de chaque idée, et long par la répétition multipliée de cette idée concise. Presque toujours exempt du mauvais goût et de la subtilité scolastiques, il y tombe pourtant quelquefois, et les habitudes du controversiste reparaissent à travers les sarcasmes du poète. Le bon vieil esprit gaulois et la pruderie monacale se coudoient sans cesse chez Guyot, non sans présenter d'amusans contrastes. On sourit de voir ce bon vivant affublé d'un froc, jouant de bonne foi son personnage, sans inconvenance comme sans hypocrisie, mais laissant échapper çà et là par malheur un petit bout d'oreille, débitant de beaux lieux-communs de morale pour l'acquit de sa conscience, et avec la même exactitude qu'il mettait à dire son bréviaire ; puis tout à coup raillant, riant, se moquant de tout le monde et de lui-même ; mélange plaisant de deux élémens antipathiques, composé bizarre d'un moine et d'un bourgeois.

Il est une autre *bible* qu'on a long-temps regardée comme une partie de la précédente. Le comte de Caylus a le premier établi la distinction de ces deux ouvrages, et il suffit de les lire pour n'en pouvoir douter. Celui dont il nous reste à parler a pour auteur un homme de guerre, un châtelain, le seigneur Hugues de Berze. Avec lui, no us allons changer de point de vue : Guyot nous a fait monter à la tourelle du cloître, Hugues va nous placer au sommet du donjon féodal. Chose étrange ! l'œuvre du chevalier a une teinte plus dévote que celle du moine. La raison en est simple : Guyot représente la tendance populaire et critique du moyen-âge, Hugues l'élément féodal et conservateur. Guyot avait porté douze ans le froc ; ses épaules en étaient un peu lasses. En dépit du proverbe, on désire peu ce qu'on connaît trop. Malgré quelques formules satiriques, le siècle ne lui déplaisait point ; le monde lui semblait bon à quelque chose, ne fût-ce qu'à en médire. Quant au seigneur de Berze, que nous ne connaissons au reste que par son court poème, il me semble le voir, au retour de l'héroïque conquête de Byzance, las de ses voyages d'outre-mer, de ses grands coups de ance et de ses chevaleresques amours, retiré dans son vieux-castel et pensant à ses vieux péchés. Alors il fait comme le vieillard d'Horace, il censure et gronde les jeunes damoiseaux, il leur prêche de beaux sermons pour les porter à pénitence. Il y a quelque chose de vénérable dans cette bonne figure de chevalier raide et pesant comme son haubert, pur et droit comme son glaive. On se prend à penser à Villehardouin, dont il fut le compagnon d'armes. Par malheur, Berze raconte peu et sermonne beaucoup : il s'étend avec complaisance sur certaines vérités peu nouvelles, comme la certitude de la mort et l'inconstance de la prospérité ; mais ne criez pas au lieu-commun ! C'est hier, c'est aujourd'hui peut-être que le soldat de Baudouin a fait cette découverte ; sous sa plume, elle n'a pas l'air de ces banales maximes qu'on se passe de main en main, valeur courante et anonyme ; on sent ici je ne sais quelle empreinte de conviction et d'expérience personnelle, et puis cette langue toute jeune et toute naïve a le don de rajeunir ce qu'elle touche. Hugues n'est *ni clerc ni lettré*, mais il a pris part à de grandes choses, et son style en reçoit parfois le contre-coup. Lui aussi a vu, comme Tacite, « quatre princes tomber sous le fer : »

Car je vis en Constantinople,

Qui tant est belle et riche et noble,

En-deçà d'un an et demi

Jacques Demogeot

Quatre empereurs. Puis je les vis

Dedans un terme tôt mourir

De vile mort…

Comme le chantre de Childe-Harold, il pleure sur ces braves si brillans le matin de jeunesse et de force, et devenus avant le soir la proie des poissons et des vautours.

Qui leur eût dit la matinée

Que telle était leur destinée ?

Mais Dieu le voult ainsi souffrir !

Nous voilà loin des malices monacales et des oeufs gâtés de Guyot. Ne retrouvez-vous pas quelque chose de l'étonnement des croisés à la vue des magnificences orientales de Constantinople, quand le poète nous dit :

Et quand nous eûmes bientôt mis

Sous nos pieds tous nos ennemis,

Et nous fûmes, de pauvreté

Hors, plongés en la richesse,

Aux émeraudes, aux rubis,

Et aux pourpres et aux samis,

Et aux terres et aux jardins,

Et aux beaux palais marberins,

Et aux dames et aux pucelles,

Dont il y en eut moult de belles,

Lors nous mîmes Dieu en oubli.

On voit, à travers cette dévote confession, que l'auteur conserve encore aucunes douces souvenances. Hugues avait fait outre-mer des conquêtes de plus d'une sorte, et de ses anciennes blessures il lui restait encore au moins les cicatrices.

D'un péché qu'on appelle amour

lie prend souvent moult grand paour (peur) ;

Car, quand l'ame s'est départie

De l'amour de sa belle amie,

On se plaît encor trop souvent

A remembrer son beau corps gent,

Quand l'on jà penser n'y devrait.

Il s'étonne qu'on ne s'amende pas plus facilement « d'amour de belle dame aimer que de la laide ; » mais ce dernier crime est bien plus noir à ses yeux que le premier, qu'il appelle naïvement « le beau péchié. » C'est presque l'expression de Parny.

Hugues de Berze, on le voit, est moraliste, orateur, poète élégiaque, tout plutôt que satirique. Chez lui la satire est faible et émoussée ; il est trop brave pour être malin. Ses invectives ne sont que des généralités vagues. « Les moines noirs sont les plus faiblis, » dit-il. — Pourquoi cela ? — Parce que « ils mènent vie que Dieu sait. » Il ne serait pas mal que le lecteur en sût aussi quelque chose, on ne trouve dans cette *bible* ni amertume, ni haine, ni moquerie. Hugues a de l'élévation, du sentiment, une conviction sincère, une douce et profonde mélancolie ; c'est bien là le représentant des vieilles races héroïques du moyen-âge ; il n'a rien de la verve plébéienne des trouvères. Chose remarquable ! Guyot et Berze entreprennent la même tâche, ils adoptent le même titre ; ils prétendent tous deux composer une satire. Guyot seul y parvient. L'esprit satirique au XIIIe siècle est essentiellement bourgeois.

Bientôt, pour mieux attester cette direction plébéienne, il s'affranchira tout-à-fait des derniers liens de la société semi-cléricale. Il se mettra à railler les avocats et les juges avec l'auteur de *Patelin*, à courir les carrefours avec Villon, entre la potence et les franches repues ; enfin à grimper sur les tréteaux des enfans sans-souci, d'où descendra le poète charmant qui eut nom Clément Marot.

Si maintenant, laissant de côté les noms propres et les titres d'ouvrages, pour nous élever à une vue d'ensemble, nous considérons toute cette opposition satirique du moyen-âge comme une œuvre unique, produite par un seul auteur, l'esprit français, et dirigée providentiellement vers un seul but, la destruction d'un

Jacques Demogeot

ordre social, elle nous apparaîtra comme une vaste épopée badine, ironique contre-partie du drame solennel de l'histoire. Tout en elle est action ; les vices et les ridicules sont des personnages ; la morale vit et marche, et souvent aussi ce qui n'est pas la morale. Maligne plus que méchante, elle sourit plus qu'elle n'attaque : mais son sourire frappe de mort ; c'est l'arrêt du bon sens. Composée souvent pour le peuple et contre ses oppresseurs, elle exagère quelquefois sa gaieté ; elle descend au cynisme pour plaire davantage à l'un sans éveiller les soupçons des autres. C'est par sagesse qu'elle va jusqu'à la licence. Elle amène successivement sous nos yeux tous les abus, c'est-à-dire, hélas ! tous les pouvoirs. Ses monarques sont de très respectables géans, mais qui semblent un peu trop lourds pour être fort actifs. Quant à ces princes secondaires, « ces diables de gens ne savent ni ne valent rien, sinon à faire maux ès pauvres sujets, et à troubler tout le monde par la guerre, pour leur inique et détestable plaisir. Aussi, dans sa fureur, elle taille en pièces tous ces dipsodes, et déconfit subtilement plus de six cent cinquante-neuf chevaliers. Elle maudit, l'impie ! « ces bons pères mendians, cordeliers et jacobins, qui sont les deux hémisphères de la chrétienté, et par lesquels tout l'anatomique matagrobolisme de l'église romaine se trémousse. » Elle veut « exterminer les abus d'un tas de papelards et faux prophètes qui ont, par constitution humaine et inventions dépravées, envenimé tout le monde. » Elle jette en passant une raillerie peu amère sur les « écoliers de Palme, inclite et célèbre académie que l'on vocite Lutèce. » Puis elle nous montre, au bas du tableau, un personnage pour qui elle manifeste une vive sympathie. C'est un pauvre hère qui n'est ni clerc, ni chevalier. Livré dès sa naissance à la tyrannie d'autrui, destiné à vivre dans une éternelle dépendance, il a jusqu'à présent peu de ressort dans l'ame. Toute sa valeur est dans son esprit fin, habile et moqueur. « Il est sujet à cette maladie qu'on appelait en ce temps-là *faute d'argent*, » ce qui ne l'empêche point d'être « pipeur, buveur, batteur de pavé, au demeurant le meilleur fils du monde. » C'est le vilain, l'enfant du peuple ; c'est Rutebeuf, c'est Guyot, c'est Villon. Tel qu'il est, avec tous ses vices et toute sa couardise, il n'en demeure pas moins à la place d'honneur, c'est à son profit que tout marche, que tout s'agite ; c'est pour lui que parlera l'oracle final ; il est le véritable héros de notre épopée fantastique.

Partie III.

Mais que dis-je ? cet ensemble imaginaire que je compose à loisir avec les traits épars de la satire du moyen-âge n'est-il qu'un jeu de ma pensée ? N'ai-je pas été presque contraint, pour en donner l'idée, de copier quelques traits d'un immortel ouvrage ? Elle existe en effet, cette satire vivante, cette épopée burlesque, écrite par une seule main, dirigée vers un seul but, quand elle a un but. Je l'aperçois au-delà des limites de mon sujet. Elle ouvre le XVIe siècle, comme pour initier les temps modernes à la malice profonde de nos pères, et transmettre l'héritage de Rutebeuf à Régnier, à Molière, à La Fontaine. Hardie, populaire, cynique même par goût et par prudence, elle a conservé la rude franchise de son origine. Seulement elle y joint un élément inconnu à nos simples trouvères : à la netteté de ses peintures, à l'étendue de ses horizons, à la fermeté de son style, on s'aperçoit que l'esprit de la renaissance commence déjà à souffler, et que la tradition antique s'unit harmonieusement à la verve gauloise dans le, roman de maître François Rabelais.

ISBN : 978-1517285203

Jacques Demogeot

www.ingramcontent.com/pod-product-compliance
Lightning Source LLC
Chambersburg PA
CBHW070922180526
45168CB00005B/2117